AF336415

DISTRICT
DES PRÉMONTRÉS.

ASSEMBLÉE GÉNÉRALE.

Du 11 Janvier 1790.

Adreſſe reſpectueuſe du Diſtrict des Prémontrés, à Noſſeigneurs de l'Aſſemblée Nationale.

NOSSEIGNEURS,

LE Diſtrict des Prémontrés, toujours animé du même zele qu'il a fait éclater dès les premiers momens de la Révolution ; toujours prêt

à tout facrifier pour le maintien de la Conftitution, que votre haute fageffe vient de former
pour le bonheur de l'Empire François, vous
fupplie très-humblement d'agréer le nouvel homm-
mage que les circonftances lui font un devoir
de rendre au Tribunal Augufte de la Nation.

Malgré des obftacles geminés & toujours re-
naiffans, malgré les efforts heureufement im-
puiffans des ennemis de la Patrie, votre courage,
NOSSEIGNEURS, & une fuite de glorieux &
pénibles travaux vont confommer cette falutaire
régénération qui, en faifant oublier à la France
les maux qu'elle a foufferts & les dangers qu'elle
a courus, va lui rendre la gloire & les avan-
tages qu'elle avoit perdus.

Au grand étonnement de l'Europe, l'établiffement d'une Municipalité commune à tout le
Royaume, s'eft formée avec une célérité qui a
paffé nos efpérances. Celle de la Capitale vous a
paru mériter une organifation particuliere ; &
vous avez permis à fa Commune de mettre fous
vos yeux les obfervations qu'elle croiroit devoir
foumettre à votre fageffe fur fes localités & fur
fes convenances.

Nous ofons donc, NOSSEIGNEURS, vous

faire de très-humbles remoñtrances , au nom
d'une portion de cette vaste Cité, dont le régime
ne peut être affimilé à aucun autre, & nous
vous les préfentons avec d'autant plus de confiance , que vos Décrets ont annoncé à la Nation
qu'elle a recouvré fa fouveraineté ; qu'elle eft
libre & qu'il régneroit déformais entre les individus qui la compofent, l'égalité la plus abfolue
fans autre diftinction que celle du mérite & des
talens,

Ces oracles confolans ont opéré en même-tems
une révolution politique & une révolution mo-
rale , en rappellant l'homme à fon effence & à
fa dignité primitive : vos Décrets lui ont fait
connoître fes droits, fes loix , & ce qu'il doit
être dans l'ordre focial ; il n'eft plus cet homme
dégradé , avili : C'eft un être régénéré qui rentre
en poffeffion de fes prérogatives.

Le Diftrict des Prémontrés , pénétré du refpect & de la foumiffion dus aux Légiflateurs
qui ont rétabli ces principes fublimes , fe per-
mettra cependant , NOSSEIGNEURS, de vous
confidérer auffi comme des Peres auxquels il doit
expofer librement & avec confiance , fes craintes
& fes vœux.

Paris a le plus preſſant beſoin d'une Municipalité appropriée à ſon étendue, à ſa population & à ſes mœurs; mais il exiſte des convenances qu'exige le régime de cette Métropole immenſe, & qui méritent les réflexions les plus ſérieuſes.

L'objet eſſentiel de la légiſlation Municipale doit être d'inſpirer aux Citoyens le reſpect pour les loix, l'amour de l'ordre, & le bonheur de tous: elle ne doit leur offrir que l'aſpect d'un tribunal de paix, du ſanctuaire de la liberté & de l'égalité.

La Commune de Paris a droit d'attendre une Municipalité qui fraterniſe avec elle, qui lui préſente toujours des coopérateurs, des émules & jamais des maîtres; une Municipalité dont les Membres choiſis dans ſon ſein y feront rappellés aux époques où leur activité devra ceſſer & être tranſmiſe à d'autres; une Municipalité à laquelle elle confiera ſes plus chers intérêts, mais qu'elle ne peut ni ne doit perdre de vue, dont elle doit au contraire ſurveiller inceſſamment la geſtion; une Municipalité, enfin, qui ſoit l'image de l'empire du Pere de Famille, dont la main ne s'ouvre que pour répandre des bénédictions , & qu'on baife toujours fans la craindre (1).

Nous efpérons , NOSSEIGNEURS , & notre efpérance ne fera pas fans doute trompée , que la Loi Municipale que nous devons recevoir de vos mains paternelles , fera établie fur ces bafes ; qu'elle fera formée dans le point de vue de la plus grande utilité , & que renfermée dans les juftes limites du reffort qui lui convient , elle ne fervira jamais de prétexte à l'établiffement d'une ariftocratie déguifée fous les formes Municipales.

Pour vous convaincre , NOSSEIGNEURS , de l'importance de cette obfervation , tournez vos regards fur la Municipalité actuelle ; de cette Affemblée provifoire , qui n'a encore d'autre

____

(1) Le chef-d'œuvre de la Légiflation Municipale confifte dans une jufte combinaifon de fon autorité & des befoins du Peuple ; il faut en éloigner toutes les attributions étrangeres , & la concentrer dans le cercle de celles qui lui font propres ; la Municipalité de Paris aura-t-elle ces qualités , & l'arbre Municipal produira-t-il les fruits falutaires qu'on en doit attendre , fi furchargé de branches & de rejettons parafites , il demeure courbé & affaiffé fous leur poids ?

inſtitution que celle qu'elle s'eſt donnée à elle-même, en cédant à ſon zele & aux circonſtances impérieuſes du moment : vous y verrez cumulées avec le régime municipal, toutes les attributions, tous les genres poſſibles d'Adminiſtrations, dont la majeure partie n'étoit ni ne doit être de la compétence de la Municipalité ; vous y verrez une maſſe énorme de puiſſance, d'autorité & de richeſſes; des Agens, les uns inſtruits, les autres peu verſés dans les matieres qu'on y traite ; & vous en concluerez dans votre ſageſſe, NOSSEIGNEURS, qu'un Corps Municipal ſi compliqué, ſi ſurchargé d'attributions & de travaux, ſeroit une machine embaraſſée dans ſon mouvement, dans ſes reſſorts, qui ne pourroit ni durer, ni remplir ſes indications.

La Commune de Paris, trop long-tems abuſée, & maintenant éclairée par ſes Légiſlateurs ſur les droits de la Nation & ſur les ſiens propres, comptera déſormais au nombre de ſes propriétés, l'inſpection immédiate de ſon domaine & de ſon régime municipal. Laſſe du joug du pouvoir arbitraire, preſſée du deſir de jouir de ſa liberté recouvrée, c'en eſt fait, elle ne reprendra plus ſes chaînes ; elle ne verroit qu'en frémiſſant une inſtitution qui lui en rappelleroit le ſouvenir ;

elle ne connoîtra déformais d'autres maîtres que fes LOIX & fon ROI.

Paris, devenu le moteur & le point central de la Monarchie, auquel toutes fes parties reffortif-fent & fe confondent, Paris, par fa population, fon commerce, fa police, fes impofitions, fes travaux publics, fes paroiffes, fes hopitaux, fes domaines, & l'enfemble de fon gouvernement offrira toujours une maffe de détails incalculables.

Et cette immenfité d'attributions dont la nomen-clature eft effrayante, feroit entièrement & exclufi-vement confiée au Corps Municipal! Il fe char-geroit feul de ce poids énorme & refuferoit les fecours que la Commune peut & offre de lui prêter! content de planer fur cette Commune de laquelle il tient fon exiftence, dont il fera tou-jours & effentiellement le mandataire, il la repor-teroit à la barbarie des fiècles gothiques, à fon ancienne & trifte inertie ; & la Commune verroit avec une indifférence apatique, fa liberté, fes droits, fes propriétés dans les mains & à la dif-pofition de ces Agens Municipaux, fans qu'il lui fût permis d'y prendre part!

Vos profondes lumières, NOSSEIGNEURS, nous raffurent contre des prétentions auffi exagérées,

& auſſi injuſtes ; jamais, non jamais, il ne ſortira de vos mains une inſtitution auſſi deſtructive des droits impreſcriptibles de la Commune de Paris.

Une de ſes ſections (le Diſtrict des Prémontrés, bien. ſûr de n'être pas déſavoué par les autres) vous répétera ce qu'elle a déjà pris la liberté de vous dire dans un mémoire qu'elle vous a fait parvenir & qui a circulé dans votre auguſte Aſſemblée ; qu'elle ſçait que tous ne doivent pas mettre la main à la même œuvre ; que la multitude ne peut pas concourir directement aux travaux qu'aſſigne l'adminiſtration de la choſe commune ; qu'il faut un centre, une réunion de volontés & un nombre défini de coopérateurs ; ce ſont des vérités dont la Commune de Paris conviendra toujours : auſſi ſon objet ne tend-t-il ni à exercer un empire féodal ſur ſa Municipalité, ni à gêner ſes fonctions.

Elle demande au contraire à porter une partie du fardeau qui lui ſera impoſé, à la ſoulager, à concourir fraternellement avec elle au bien de tous. Elle demande (& elle invite ſur ce point d'utilité ſenſible) à initier, à former aux fonctions & aux connoiſſances Municipales, ceux de ſes membres qui y ſeront ſucceſſivement appellés, qui, fauté d'en concevoir les premiers elémens, n'y auroient aucune aptitude.

La Commune, d'accord avec ſes Repréſentans actuels, partage depuis le 13 Juillet un aſſez grand nombre de leurs travaux, dont les Diſtricts s'acquittent avec la plus ſcrupuleuſe exactitude & au grand contentement des bons Citoyens (1).

Ce ne ſeroit pas ſans regret qu'ils ſe verroient privés de l'avantage inappréciable pour eux de continuer les fonctions importantes & utiles, qu'ils ſont en poſſeſſion d'exercer, ils offrent encore (& on ne ſauroit ſe refuſer à leur demande) ſans méconnoître leurs droits, de ſe charger de toutes celles dont ils ſeront ſuſceptibles, & qui concourront au maintien de leurs prérogatives, tendront encore au ſoulagement de la Municipalité.

---

(1) Tels ſont la Police , le ſoin des Troupes , leurs détachemens pour la ſûreté & la célérité des Subſiſtances , les Patrouilles , les Paſſe-ports , les Certificats , les légaliſations , l'examen & la fourniture des Sujets pour les travaux publics , les Audiences ouvertes jour & nuit au Peuple , l'illumination , la ſûreté & propreté , la viſite des cabarets , guinguettes & autres lieux publics , l'exécution des Ordonnances de M. le Maire , &c. &c. &c.

La police eſt un de ces objets, dont ils paꞈ
tageront les détails, avec d'autant plus de ſuccès
& de connoiſſance de cauſe, que chacun d'eux
en particulier, a des rapports plus intimes avec
les Citoyens qui le compoſent, & doit connoître
plutôt & plus ſûrement les événemens qui s'y
paſſent. Leur diſperſion en ſoixante Quartiers de
la Ville, eſt le vrai & l'unique moyen d'y
maintenir jour & nuit l'ordre & la ſûreté.

Du droit qu'a le Propriétaire de la choſe d'en
connoître la régie & la comptabilité, dérive la
conſéquence naturelle d'admettre à la reddition
annuelle des comptes, un nombre quelconque
des Commiſſaires de la Commune. Elle ne revén-
dique à cet égard que la faculté accordée à tout
particulier, qu'un droit inhérent à la choſe. Par
quelle exception en ſeroit-elle dépouillée ? Et
par quelle fatalité ſubſiſteroit-il toujours entre
elle & ſes repréſentans une ligne de ſéparation ?
Seroit-elle réduite à n'avoir de commun avec
eux que l'avantage d'être la pépiniere qui les
perpétueroit ?

La Garde Nationale eſt formée d'individus de
la Commune. Cette armée lui deviendra-t-elle
étrangere ? Et la mere qui doit repeupler ce corps

libre de Guerriers, n'aura t-elle aucune liaison avec eux, aucune infpection, aucune autorité fur eux ? Ces braves & chers enfans de la Commune y confentiroient-ils, abjureroient-ils cette affection filiale qu'ils lui doivent, & qu'ils lui ont jurée ? Non, non, ils fe glorifieront toujours de lui appartenir.

Voilà donc des attributions qu'on ne peut pas plus contefter aux Diftricts, que l'utilité générale dont ils peuvent être, fi l'Affemblée Nationale daigne les organifer plus méthodiquement qu'on ne l'a pu faire au commencement de leur formation. C'eft cette organifation, NOSSEIGNEURS, après laquelle tous foupirent, que tous attendent de vous avec confiance, & qu'ils adopteront avec refpect, quelle qu'elle foit. Si vous daignez en ordonner la permanence active & non interrompue, vous aurez rempli les vœux de tous les Citoyens de cette ville immenfe, le plus fûr rempart de la liberté Françoife; leurs acclamations feront encore l'hommage qu'ils rendront à votre juftice & à votre impartialité.

Cette permanence, NOSSEIGNEURS, eft de tous les moyens le plus propre à établir la concorde entre les Officiers municipaux & les Citoyens, c'eft auffi le fecret infaillible de déjouer & de détruire radicalement les projets incendiaires dont nous ne ceffons d'être menacés.

La fageffe de vos Décrets, NOSSEIGNEURS, pénétrera à jamais de la plus refpectueufe reconnoiffance les ames honnêtes & amies de la Patrie ; mais les marais de Lerne ne font pas épuifés, ils peuvent reproduire des hydres ; de nouveaux Hercules fuffiroient-ils pour les vaincre, fi une furveillance active & non interrompue, ne les mettoit fans ceffe à découvert. Et par qui cette furveillance feroit-elle mieux exercée que par des Diftricts circonfcrits dans des limites bornées, & dont l'activité toujours vigilante, ne laifferoit rien échapper à leurs recherches ?

La Commune de Paris a tout fait pour fa liberté ; la prérogative de prendre part à la chofe publique, eft une de celles qu'elle a recouvrée avec plus d'empreffement. Ne feroit-il pas à craindre que ce peuple fier & généreux, qui n'eft plus ce qu'il étoit avant la révolution, qui fait à préfent que la Nation eft fouveraine, & que Peuple & Nation font fynonymes, n'envifageât fon exclufion de la chofe commune, comme une humiliation douloureufe, comme une expulfion du champ de fa victoire ? En l'y affociant par la qualité de Membre actif de fon Diftrict, vous le rapprocherez de ceux de la Municipalite ; & malgré une diftance réelle, mais prefque imperceptible pour lui, il fe croira dans la même latitude & prefque à leur niveau. Attaché à fon Diftrict, il ne méconnoîtra jamais la dignité de Citoyen. Ce fera donc dans ces fections partielles que s'entretiendra ce feu civique qui ne s'éteindra jamais & qui fera la fauvegarde perpétuelle de la Conftitution.

Ces confidérations, NOSSEIGNEURS, en ameneroit beaucoup d'autres, que votre fageffe a prévues, tant fur Paris que fur les Provinces.

Sur les Provinces, dans lefquelles vous ariverez triomphans, l'olivier à la main, pour y recevoir de celles de vos Concitoyens, les couronnes que vos travaux vous ont mérités ; ils vous prodigueront, à l'envi, les expreffions de leur refpect & de leur reconnoiffance. Paris leur en donnera l'exemple, comme il leur a donné celui de l'héroïfme & des vertus patriotiques.

Nous fommes avec le plus profond refpect,

NOSSEIGNEURS,

Vos très-humbles & très obéiffans ferviteurs,

Les Citoyens du Diftrict des Prémontrés.

Signés, *de Beauvais de Preau*, Préfident ; *de Refte*, Vice-Préfident ; *D'obigny*, *de Mayre*,

Mallard, Fillard, Bouſſard, Peytureau, Pont-chame, Carré, Boury, Guillin, Berenger, -de la Barre, Cauvet, Bertrand, de Villers, Maget, Francin, le Cocq, l'Eveſque, Vetier, Martin-court, Gonon, Pouſſe, Laqueiriere, Convers, Dufour, Bugniet, Groſſet, Carpens, Groult, Mazet, de Beauvais de Preau fils, Boudon, le Clerc, Charles, & Pierron & Barbara, Se-crétaires.

Collationné par Nous Secrétaire ſouſſigné, ſur la Minute demeurée au Greffe du Diſtrict des Prémontrés, ce 12 Janvier 1790.

PIERRON, *Secrétaire Greffier.*